AF371243

RODOLPHE

Célèbre Solfège

avec Adaptation
d'un Accompagnement de Piano
par

EMILE DURAND

Ancien Professeur d'harmonie
au Conservatoire national de Paris.

Prix net 5ᶠ
Cartonnage, en plus, net, 0ᶠ50
Le même sans accompagnement net 1ᶠ50.
Cartonnage, en plus, net, 0ᶠ30.

Ancienne Maison MACKAR & NOËL Éditeurs Commissionaires
A. NOËL, Successeur
N° 26 Passage des Panoramas PARIS.

1902

Solfège de Rodolphe

avec adaptation d'un accompagnement de piano

par Émile Durand.

Avertissement.

Il sera nécessaire de faire apprendre aux élèves les six premiers Chapitres des principes, qui leur donneront les connaissances qu'il est indispensable d'avoir avant de solfier.

Quant aux autres chapitres, pour ne point surcharger la mémoire des écoliers, les Maîtres auront l'attention de ne les leur faire apprendre qu'autant qu'ils seront assez avancés pour les bien concevoir et ne rien confondre.

Principes élémentaires de la Musique.

Chapitre I.

Clés, notes, silences et portée.

Notions préliminaires = Les principaux signes dont on se sert pour écrire la musique sont: les **clés**, les **notes** et les **silences**. Ces signes se placent sur une **portée** de cinq lignes, lesquelles se comptent de bas en haut.

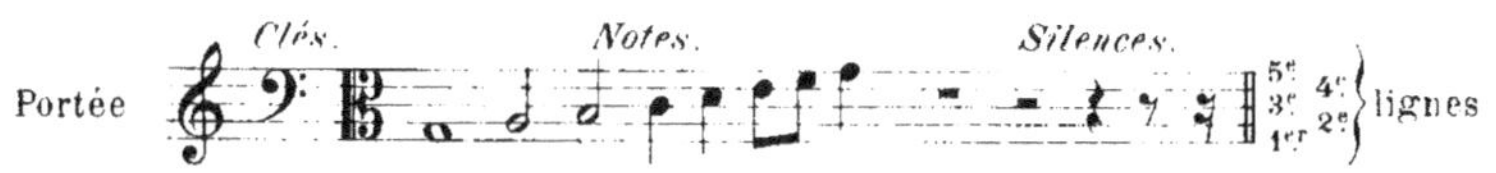

Les **notes** sont appelées ut ou **Do, Ré, Mi, Fa, Sol, La, Si.** — Il y a trois sortes de **clés**, savoir: Clé de **Sol**, clé de **Fa** et clé d'ut ou de **Do**

De ces trois clés, la plus usitée est la clé de sol.

Questionnaire.

Demande. Où pose-t-on la clé de Sol?
Réponse. Sur la seconde ligne de la portée.

Clé de sol.

2de ligne

D. Combien y a-t-il de notes dans la musique?
R. Il y en a sept.
D. Comment les nomme-t-on?
R. Ut ou Do, Ré, Mi, Fa, Sol, La, Si.

D. Quelle est la position des sept notes sur la portée?
R. Voyez l'exemple suivant.

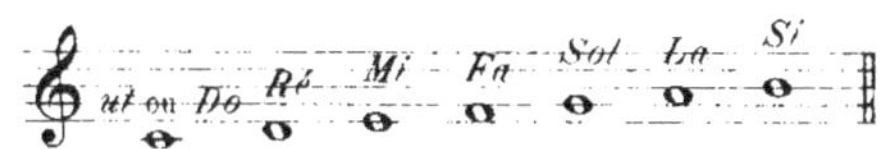

N.B. Si l'on ajoute une 8me note à la série ascendante ci-dessus, cela complète ce qui s'appelle une gamme

Paris, A. Noël, Editeur, 22, 23, Passage des Panoramas.
Copyright by A. Noël 1902.

A. N. 5035

1902

Chapitre II.

Gamme, degrés, tons et demi-tons.

D. Qu'est-ce qu'une gamme?
R. C'est une échelle de sons montant ou descendant par degrés.
D. Qu'appelle-t'on degré?
R. Chacune des notes de la gamme.
D. Combien la gamme a-t'elle de degrés?
R. Elle en a huit.
D. Quel nom donne-t'on au 8me degré de la gamme?
R. Le même nom qu'au 1er degré.

D. Comment nomme-t'on la différence de hauteur qui existe d'un degré à l'autre de la gamme?
R. Entre certains degrés la différence est d'un ton, entre les autres elle n'est que d'un demi-ton.
D. Combien les huit degrés de la gamme font-ils de tons et de demi-tons?
R. Cinq tons et deux demi-tons.
D. Entre quels degrés se trouvent les demi-tons?
R. Du 3e au 4e et du 7e au 8e.

Gamme ascendante.   Gamme descendante.

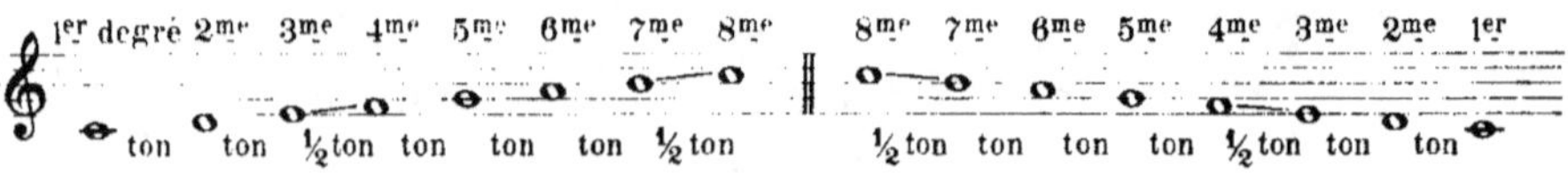

Chapitre III.

Valeurs et figures de notes.

D. Qu'est-ce qui indique la valeur relative des notes comme durée?
R. C'est la figure qu'on leur donne.
D. Quelles sont les diverses figures de notes?
R. Ce sont: la ronde o. la blanche ♩ ou ♩, la noire ♩ ou ♩, la croche ♪ ou ♪, la double-croche ♪ ou ♪ et la triple-croche ♪ ou ♪.

Demandes = Combien la **ronde** o   **Réponses.**

Vaut-elle de blanches?   Elle en vaut deux.

„ de noires?   „   Quatre.

„ de croches?   „   Huit.

„ de doubles-croches?   „   Seize.

„ de triples-croches?   „   Trente-deux.

Demandes.	Réponses.	Demandes.	Réponses.
Combien la **blanche**		Combien la **croche**	
Vaut-elle de noires?	Deux.	Vaut-elle de doubles-croches?	Deux.
„ de croches?	Quatre.	„ de triples-croches?	Quatre.
„ de doubles-croches?	Huit.	Combien la **double-croche**	
„ de triples-croches?	Seize.	Vaut-elle de triples-croches?	Deux.
Combien la **noire**			
Vaut-elle de croches?	Deux.		
„ de doubles-croches?	Quatre.		
„ de triples-croches?	Huit.		

N.B. Pour grouper plusieurs croches ou plusieurs doubles-croches, etc. on remplace les crochets par des barres comme dans l'exemple ci-dessus.

Chapitre IV.

Valeur d'un Point après une note.

D. Que fait le point après une note quelconque?

R. Il augmente la note de la moitié de sa valeur primitive.

D. Combien vaut une ronde pointée?

R. Trois blanches...

D. Combien vaut une blanche pointée?

R. Trois noires...

D. Combien vaut une noire pointée?

R. Trois croches...

D. Combien vaut une croche pointée?

R. Trois doubles-croches...

D. Combien vaut une double-croche pointée?

R. Trois triples-croches...

D. Ne met-on pas parfois deux points après une note?

R. Si, et dans ce cas, le second point augmente encore la note de la moitié de la valeur du premier point; ainsi, la blanche suivie de deux points vaut

trois noires plus une croche.

Chapitre V.

Du nom et de la valeur des silences.

D. Quel est le silence qui équivaut à la ronde, comme valeur?

R. C'est la pause......

D. Et à la blanche?

R. La demi-pause [a)]

D. Et à la noire?

R. Le soupir.

D. Et à la croche?

R. Le demi-soupir

D. Et à la double-croche?

R. Le quart de soupir

D. Et à la triple-croche?

R. Le huitième de soupir

D. Comment marque-t'on le silence d'une mesure quelconque?

R. Par une pause.

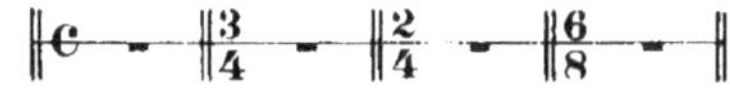

D. Et le silence de deux mesures?

R. Par le bâton de deux pauses.

Bâton de 2 pauses

D. Et le silence de quatre mesures?

R. Par le bâton de quatre pauses.

Bâton de 4 pauses

[a)] Remarquer que la pause se place au-dessous de la ligne et la demi-pause au-dessus.

Chapitre VI.

Des mesures – Mesures simples.

D. En combien d'espèces divise-t'on les mesures?

R. En deux espèces principales: les mesures simples et les mesures composées.

D. À combien de temps marque-t'on les mesures, qu'elles soient simples ou composées?

R. À 2, à 3 et à 4 temps.

D. Quelles sont les mesures simples usitées?

R. Celles à deux-deux, deux-quatre, trois-quatre, trois-huit et quatre-quatre.

D. Comment indique-t'on la mesure à deux-deux?

R. Par le chiffre **2**, ou par un **C** barré.

D. Et celle à deux-quatre?

R. Par les chiffres **2** et **4** disposés en fraction.

D. Et celle à trois-quatre?

R. Par les chiffres **3** et **4**.

D. Et celle à trois-huit?

R. Par les chiffres **3** et **8**.

D. Et celle à quatre-quatre?

R. Par un grand **C**.

Chapitre VII.

Mesures composées.

D. Quelles sont les mesures composées usitées?

R. Celles à six-huit, neuf-huit et douze-huit.

D. Comment indique-t'on la mesure à six-huit?

R. Par les chiffres **6** et **8** disposés en fraction.

D. Et celle à neuf-huit?

R. Par les chiffres **9** et **8**.

D. Et celle à douze-huit?

R. Par les chiffres **12** et **8**.

D. En combien de temps divise-t'on chacune des mesures simples ou composées dont il vient d'être question?

R. Les mesures à deux-deux, deux-quatre et six-huit sont à **2** temps; celles à trois-quatre, trois-huit et neuf-huit sont à **3** temps; enfin, celles à quatre-quatre et à douze-huit sont à **4 temps**.

D. Les mesures composées ne dérivent-elles pas des mesures simples?

R. Si, la mesure à $\frac{6}{8}$ dérive de celle à $\frac{2}{4}$, la mesure à $\frac{9}{8}$ dérive de celle à $\frac{3}{4}$, et la mesure à $\frac{12}{8}$ dérive de celle à $\frac{4}{4}$ ou **C**.

Point d'orgue et Point d'arrêt.

Pour arrêter momentanément la mesure, on se sert de ce signe ⌢ ou ⌣ qu'on place au-dessus ou au-dessous d'une note ou d'un silence. C'est une sorte de repos qu'on prolonge plus ou moins, selon sa fantaisie.

Appliqué à une note, ce signe est appelé **Point d'orgue**.

Quand on l'applique à un silence, on l'appelle **Point d'arrêt**.

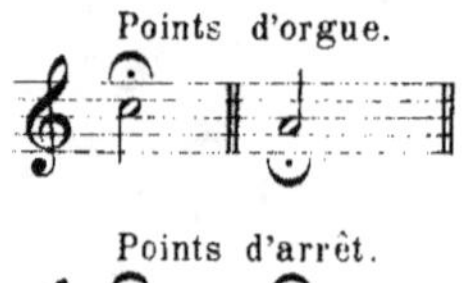

Chapitre VIII.

dièse, bémol, bécarre,
double-dièse, double-bémol.

Le dièse, représenté par ce signe ♯, indique que la note devant laquelle il est placé doit être haussée d'un demi-ton.

Le bémol, représenté par ce signe ♭, indique que la note devant laquelle il est placé doit être abaissée d'un demi-ton.

Le bécarre, représenté par ce signe ♮, indique qu'il faut remettre dans son état naturel toute note qui a été diésée ou bémolisée. On appelle note naturelle, celle qui n'est sous l'empire d'aucun signe d'altération: dièse, bémol, etc.

Le double-dièse, représenté par l'un de ces signes: ♯♯ ou ×, hausse d'un second demi-ton la note déjà diésée, ou de deux demi-tons la note naturelle.

La double-bémol, représenté par ce signe ♭♭, abaisse d'un second demi-ton la note déjà bémolisée, ou de deux demi-tons la note naturelle.

Il est d'usage de placer au commencement de la portée et immédiatement après la clé les dièses ou les bémols qui font partie constitutive de la tonalité principale du morceau. _

N.B. *Le mot* ton *qui exprime la distance qu'il y a entre certains degrés, est employé aussi dans le sens de tonalité (voir les chapitres X et XI.)*

Chapitre IX.

<table>
<tr><td colspan="2">

Position des dièses
à la clé.

</td><td colspan="2">

Position des bémols
à la clé.

</td></tr>
<tr><td colspan="2">

D. Comment se posent les dièses à la clé?

R. De quinte en quinte en montant ou de quarte en quarte en descendant.

</td><td colspan="2">

D. Comment se posent les bémols à la clé?

R. De quinte en quinte en descendant ou de quarte en quarte en montant.

</td></tr>
<tr><td>

D. Quel est le 1er dièse?_

</td><td>**R.** C'est Fa</td><td>

D. Où se pose le 1er bémol?_

</td><td>**R.** sur le Si</td></tr>
<tr><td>où se pose le 2me dièse? ....</td><td>sur le Do</td><td>Et le 2me bémol? ......</td><td>sur le Mi</td></tr>
<tr><td>où se pose le 3me dièse? ....</td><td>sur le Sol</td><td>Et le 3me bémol?</td><td>sur le La</td></tr>
<tr><td>où se pose le 4me dièse?..........</td><td>sur le Ré</td><td>Et le 4me bémol? ......</td><td>sur le Ré</td></tr>
<tr><td>où se pose le 5me dièse? ....</td><td>sur le La</td><td>Et le 5me bémol? ......</td><td>sur le Sol</td></tr>
<tr><td>où se pose le 6me dièse?...........</td><td>sur le Mi</td><td>Et le 6me bémol? ......</td><td>sur le Do</td></tr>
<tr><td>où se pose le 7me dièse?...........</td><td>sur le Si</td><td>Et le 7me bémol? ......</td><td>sur le Fa</td></tr>
</table>

Chapitre X.

Mode majeur et Mode mineur.

D. Qu'est-ce que le mode?

R. C'est la manière d'être d'une gamme.

D. Combien y a-t'il de modes?

R. Deux: le mode majeur et le mode mineur.

D. Quel est le modèle des tons majeurs?

R. C'est le ton de Do naturel.

D. À quoi reconnaît-on que le mode est majeur?

R. À ce qu'il y a deux tons consécutifs du 1er au 3me degré.

D. Quel est le modèle des tons mineurs?

R. C'est le ton de La naturel.

D. À quoi reconnaît-on que le mode est mineur?

R. À ce qu'il n'y a qu'un ton et un demi-ton du 1er au 3me degré.

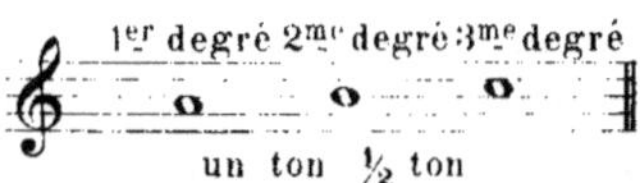

D. Pourquoi Do majeur et la mineur servent-ils de modèles aux autres tons?

R. Parce que ce sont les seuls qui n'exigent ni dièses ni bémols à la clé.

Chapitre XI.

De ce qu'il faut à la clé pour chaque ton majeur et son relatif mineur.

D. Dans quel ton est-on lorsqu'il n'y a ni dièses ni bémols à la clé?

R. En Do majeur ou en La mineur.

Tons avec dièses.

D. Dans quel ton est-on avec un dièse à la clé?

R. En Sol majeur ou en Mi mineur.

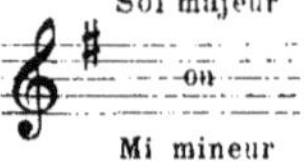

D. Et avec deux dièses?

R. En Ré majeur ou en Si mineur.

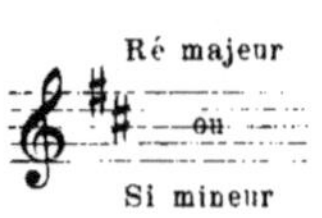

D. Et avec trois dièses?

R. En La majeur ou en Fa♯ mineur.

D. Et avec quatre dièses?

R. En Mi majeur ou en Do♯ mineur.

D. Et avec cinq dièses?

R. En Si majeur ou en Sol♯ mineur.

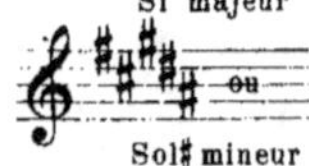

D. Et avec six dièses?

R. En Fa♯ majeur ou en Ré♯ mineur.

D. Et avec sept dièses?

R. En Do♯ majeur ou en La♯ mineur.

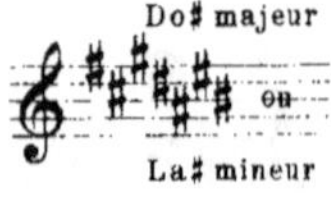

Tons avec bémols.

D. Dans quel ton est-on avec un bémol à la clé?

R. En **Fa** majeur ou en **Ré** mineur.

D. Et avec deux bémols?

R. En **Si♭** majeur ou en **Sol** mineur.

D. Et avec trois bémols?

R. En **Mi♭** majeur ou en **Do** mineur.

D. Et avec quatre bémols?

R. En **La♭** majeur ou en **Fa** mineur.

D. Et avec cinq bémols?

R. En **Ré♭** majeur ou en **Si♭** mineur.

D. Et avec six bémols?

R. En **Sol♭** majeur ou en **Mi♭** mineur.

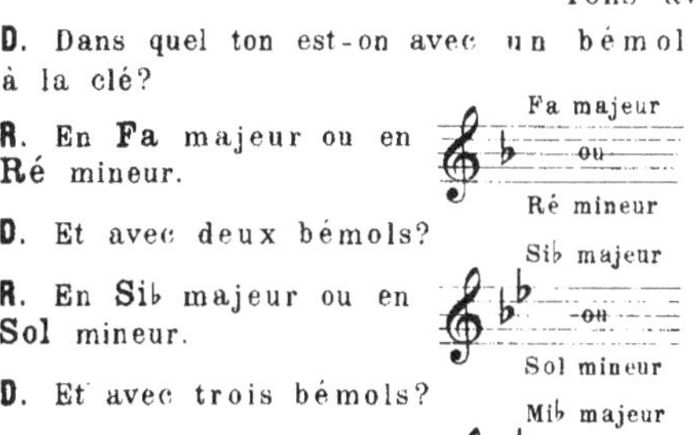

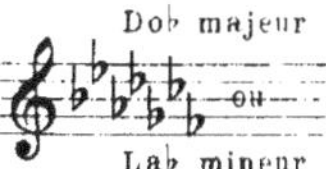

D. Et avec sept bémols?

R. En **Do♭** majeur ou en **La♭** mineur.

Chapitre XII.

Pour trouver la tonique des modes majeurs et mineurs avec des dièses ou des bémols.

D. Qu'appelle-t-on la **Tonique?**

R. C'est le 1ᵉʳ degré d'une gamme.

D. Dans les modes majeurs avec des dièses où trouve-t-on la Tonique?

R. Un degré au-dessus du dernier dièse posé à la clé.

Tableau de tous les modes majeurs avec des dièses.

D. Dans les modes mineurs avec des dièses, où trouve-t-on la Tonique?

R. Un degré au-dessous du dernier dièse posé à la clé.

Tableau de tous les modes mineurs avec des dièses.

D. Dans les modes majeurs avec des bémols, où trouve-t-on la Tonique?

R. Quatre degrés au-dessous du dernier bémol posé à la clé.

Tableau de tous les modes majeurs avec des bémols.

D. Dans les modes mineurs avec des bémols, où trouve-t-on la Tonique?

R. Six degrés au-dessous du dernier bémol ou trois degrés au-dessus.

Tableau de tous les modes mineurs avec des bémols.

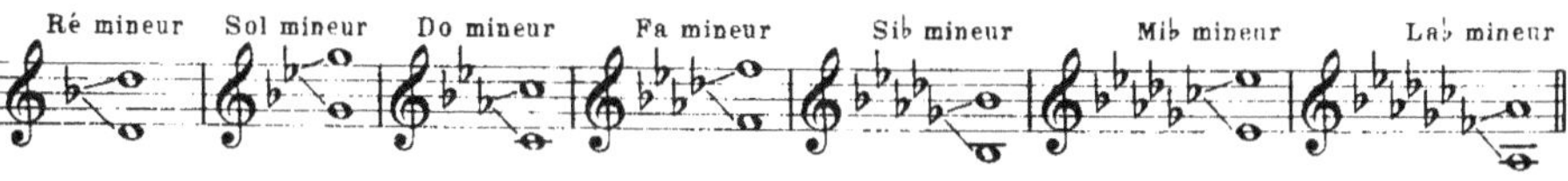

Chapitre XIII.

Pour se familiariser avec les degrés de toutes les gammes.

D. Combien ya-t'il de notes dans la gamme? | **R.** Il y en a huit.

D. Combien les huit notes font-elles de degrés? | **R.** Elles en font huit.

Demandes:	Réponses:
Comment nomme-t'on	
le 1er degré d'une gamme?	Tonique
Et le 2me „ ?	Sus-tonique
Et le 3me „ ?	Médiante
Et le 4me „ ?	Sous-dominante
Et le 5me „ ?	Dominante
Et le 6me „ ?	Sus-dominante
Et le 7me „ ?	Note sensible

Demandes:	Réponses:
Quelle est la tonique ou	
1er degré du ton de Do?	C'est le Do
Et la Sus-tonique?	„ le Ré
Et la Médiante?	„ le Mi
Et la Sous-dominante?	„ le Fa
Et la Dominante?	„ le Sol
Et la Sus-dominante?	„ le La
Et la Note sensible?	„ le Si

N. B. Le 8me degré, n'étant que la répétition du 1er, à l'octave, on l'appelle comme celui-ci: **Tonique.**

Le même ordre subsiste dans toutes les gammes, ainsi qu'on peut le voir dans les suivantes.

Gamme du ton de Sol.

Gamme du ton de Fa.

Chapitre XIV.

Des deux genres de demi-tons et de la manière de les distinguer.

D. Combien y a-t'il de sortes de demi-tons?
R. Deux: le demi-ton diatonique et le demi-ton chromatique.

D. Qu'est-ce que le demi-ton diatonique?
R. C'est celui dont les deux notes sont de noms différents, comme, en montant: Si-Do, Fa♯-Sol, La-Si♭, ou en descendant: Do-Si, Sol-Fa♯, Si♭-La.

D. Qu'est-ce que le demi-ton chromatique?
R. C'est celui dont les deux notes portent la même dénomination, comme en montant: Sol-Sol♯, La♭-La♮, etc. ou en descendant: Do♯-Do♮, Si-Si♭, etc.

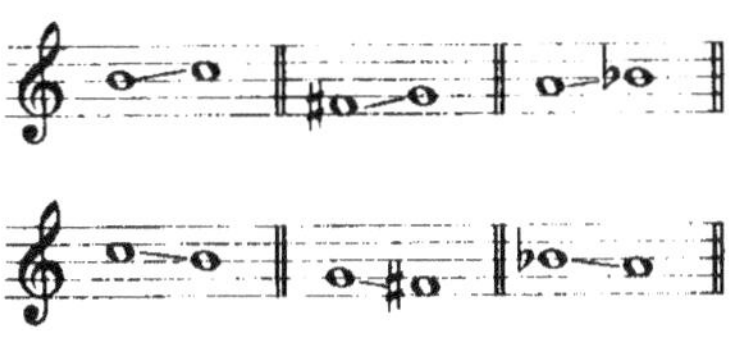
Demi-tons diatoniques.

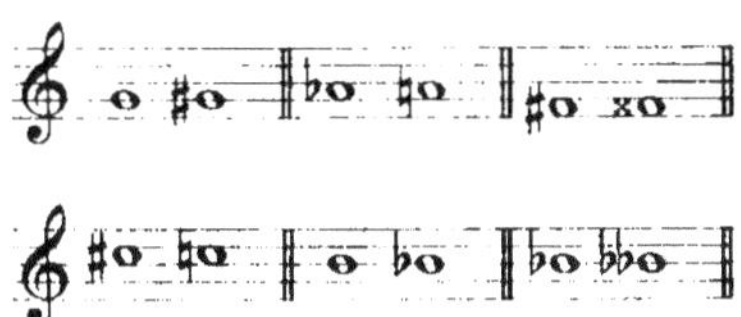
Demi-tons chromatiques.

Chapitre XV.

Intervalles.

D. Comment nomme-t'on le rapport de deux notes placés sur le même degré?
R. Unisson.

D. Comment nomme-t'on l'intervalle de Do à **Ré**?
R. Seconde.

D. Et l'intervalle de **Do** à **Mi**?
R. Tierce.

D. Et celui de **Do** à **Fa**?
R. Quarte.

D. Et de **Do** à **Sol**?
R. Quinte

D. Et de **Do** à **La**?
R. Sixte.

D. Et de **Do** à **Si**?
R. Septième.

D. Et de **Do** à **Do**?
R. Octave.

Chapitre XVI.

Renversement des intervalles.

Notions préliminaires: On renverse un intervalle, en portant sa note grave à l'aigu ou sa note aiguë au grave. L'unisson étant nul comme intervalle, on ne peut le renverser; mais, si l'on porte l'une des deux notes semblables dont il est formé, à l'aigu ou au grave, on obtient l'octave.

Questionnaire.

D. Que devient une **Seconde** renversée?.. — **R.** Septième.

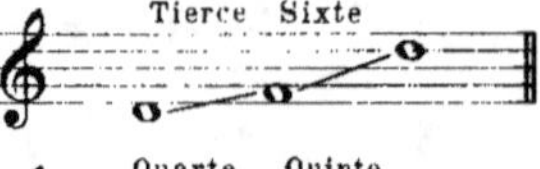

D. Et une **Tierce** renversée?...... — **R.** Sixte.

D. Et une **Quarte** renversée?............ — **R.** Quinte.

D. Et une **Quinte** renversée?............ — **R.** Quarte.

D. Et une **Sixte** renversée? ... — **R.** Tierce.

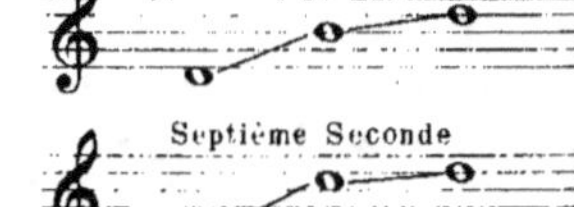

D. Et une **Septième** renversée? .... — **R.** Seconde.

D. Que devient l'octave, si l'on rapproche sa note **grave** de sa note **aiguë**, et vice versà? — **R.** Unisson.

Chapitre XVII.

Pour savoir de quoi sont composés tous les intervalles.

Demandes:

De quoi est composée une **Seconde mineure**?

Et une **Seconde majeure**?

Et une **Seconde augmentée**?

Et une **Tierce diminuée**?

Et une **Tierce mineure**?

Et une **Tierce majeure**?

Réponses:

D'un demi-ton diatonique.

D'un Ton.

D'un ton et d'un demi-ton chromatique.

De deux demi-tons diatoniques.

D'un ton et d'un demi-ton diatonique.

De deux tons.

Demandes:	Réponses:
De quoi est composée une Quarte diminuée?	D'un ton et deux demi-tons diatoniques.
Et une Quarte juste?	De deux tons et d'un demi-ton diatonique.
Et une Quarte augmentée?	De trois tons.
Et une Quinte diminuée?	De deux tons et deux demi-tons diatoniques.
Et une Quinte juste?	De trois tons et d'un demi-ton diatonique.
Et une Quinte augmentée?	De trois tons, d'un demi-ton diatonique et d'un demi-ton chromatique.
Et une Sixte mineure?	De trois tons et deux demi-tons diatoniques.
Et une Sixte majeure?	De quatre tons et d'un demi-ton diatonique.
Et une Sixte augmentée?	De quatre tons, d'un demi-ton diatonique et d'un demi-ton chromatique.
Et une Septième diminuée?	De trois tons et trois demi-tons diatoniques.
Et une Septième mineure?	De quatre tons et deux demi-tons diatoniques.
Et une Septième majeure?	De cinq tons et d'un demi-ton diatonique.
Et une Octave diminuée?	De quatre tons et trois demi-tons diatoniques.
Et une Octave juste?	De cinq tons et deux demi-tons diatoniques.
Et une Octave augmentée?	De cinq tons, deux demi-tons diatoniques et un demi-ton chromatique.

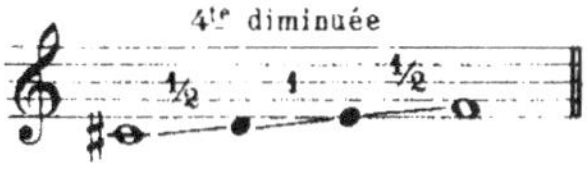

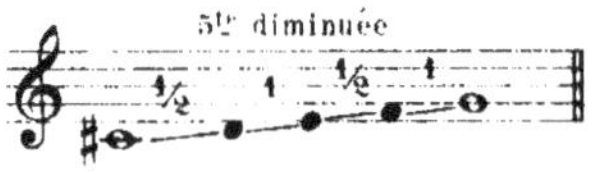

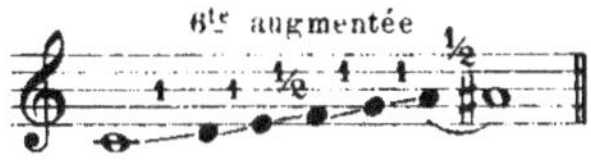

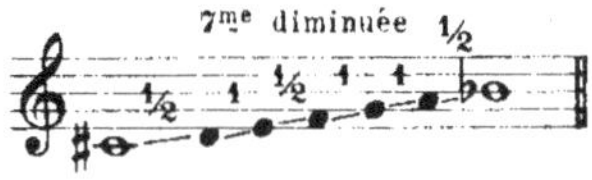

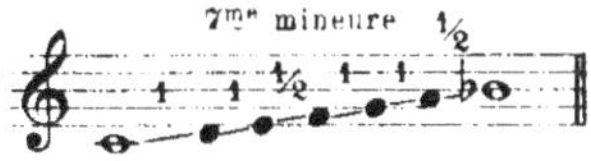

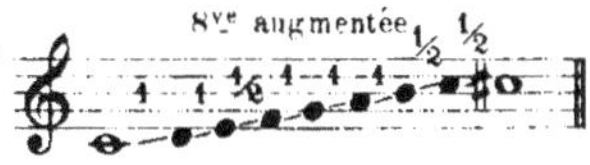

Chapitre XVIII.

Pour savoir ce que deviennent tous les intervalles par le renversement.

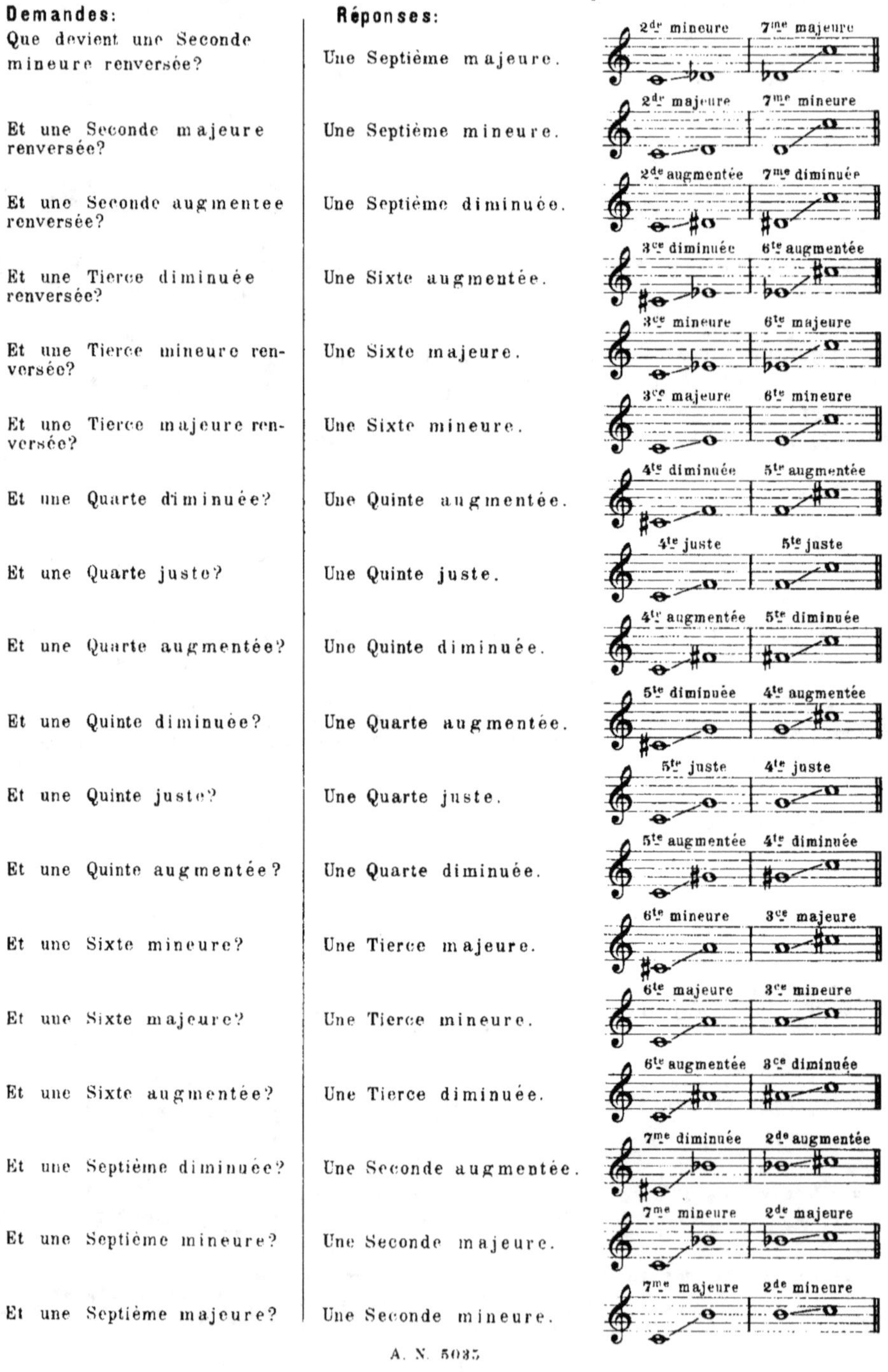

Demandes:	Réponses:
Que devient une Seconde mineure renversée?	Une Septième majeure.
Et une Seconde majeure renversée?	Une Septième mineure.
Et une Seconde augmentee renversée?	Une Septième diminuée.
Et une Tierce diminuée renversée?	Une Sixte augmentée.
Et une Tierce mineure renversée?	Une Sixte majeure.
Et une Tierce majeure renversée?	Une Sixte mineure.
Et une Quarte diminuée?	Une Quinte augmentée.
Et une Quarte juste?	Une Quinte juste.
Et une Quarte augmentée?	Une Quinte diminuée.
Et une Quinte diminuée?	Une Quarte augmentée.
Et une Quinte juste?	Une Quarte juste.
Et une Quinte augmentée?	Une Quarte diminuée.
Et une Sixte mineure?	Une Tierce majeure.
Et une Sixte majeure?	Une Tierce mineure.
Et une Sixte augmentée?	Une Tierce diminuée.
Et une Septième diminuée?	Une Seconde augmentée.
Et une Septième mineure?	Une Seconde majeure.
Et une Septième majeure?	Une Seconde mineure.

Chapitre XIX.

Ce qu'il faut faire pour passer d'un ton mineur
à son majeur et d'un ton majeur à son mineur.

D. Dans quel mode est le ton de la lorsqu'il n'y a ni dièses ni bémols à la clé?
R. Dans le mode mineur.
D. Que faut-il faire pour passer de la mineur à la majeur?
R. Ajouter trois dièses à la clé.

D. Que faut-il faire dans tous les tons mineurs qui ont un ou plusieurs dièses, pour les rendre majeurs?
R. Leur ajouter trois dièses de plus.

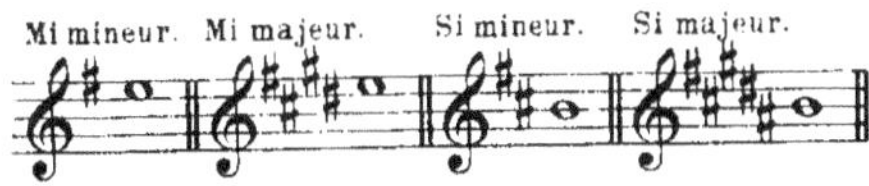

D. Que faut-il faire dans les tons majeurs avec des dièses pour les rendre mineurs?
R. Leur retrancher trois dièses.

D. Comment retrancher trois dièses du ton de ré majeur qui n'en a que deux.
R. Il faut retrancher les deux dièses de la clé et leur substituer un bémol.

D. Comment retrancher trois dièses du ton de sol majeur qui n'en a qu'un seul?
R. Il faut retrancher le dièse de la clé et lui substituer deux bémols.

D. Dans quel mode est le ton d'ut lorsqu'il n'y a ni dièses ni bémols à la clé?
R. Dans le mode majeur.
D. Que faut-il faire pour passer de do majeur à Do mineur?
R. Ajouter trois bémols à la clé.

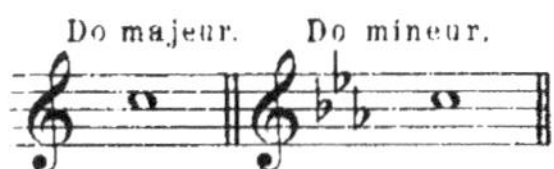

D. Que faut-il faire dans tous les tons majeurs qui ont un ou plusieurs bémols, pour les rendre mineurs?
R. Leur ajouter trois bémols de plus.

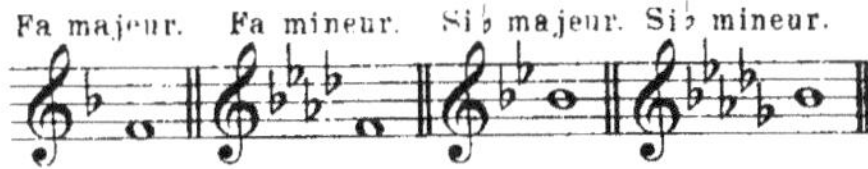

D. Que faut-il faire dans tous les tons mineurs avec des bémols pour les rendre majeurs?
R. Leur retrancher trois bémols.

D. Comment retrancher trois bémols du ton de sol mineur qui n'en a que deux?
R. Il faut retrancher les deux bémols de la clé et leur substituer un dièse.

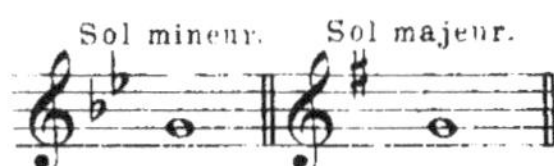

D. Comment retrancher trois bémols du ton de Ré mineur qui n'en a qu'un seul?
R. Il faut retrancher le bémol de la clé et lui substituer deux dièses.

Chapitre XX.

De la note sensible du ton mineur et des signes accidentels.

D. Les tons de **Do** majeur et de **La** mineur n'ayant rien à la clé, et se composant, dès lors, exclusivement de notes naturelles, que fait-on pour distinguer le ton de **La** mineur de celui de **Do** majeur?

R. On hausse le **Sol** d'un demi-ton chromatique au moyen du dièse, pour le rapprocher de la Tonique **La**.

D. Quel rôle remplit le **Sol dièse** dans le ton de **La** mineur?

R. Le rôle de **note sensible**.

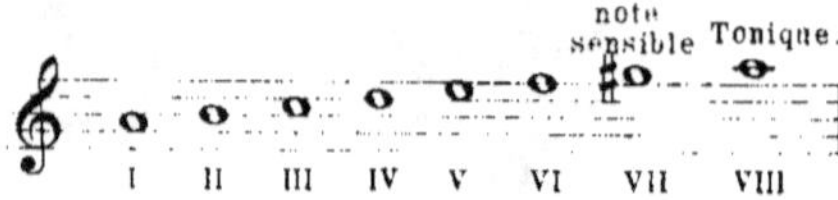

D. Pourquoi, en pareil cas, qualifie-t-on le **Sol dièse** de Note sensible?

R. Parceque c'est le **Sol dièse** qui fait sentir le ton de **La** mineur et le distingue de **Do** majeur.

D. Les autres tons mineurs sont-ils soumis à la règle qui consiste à hausser leur 7me degré pour le rendre note sensible?

R. Oui, cette règle est commune à tous les tons mineurs?

D. Le dièse est-il toujours le signe dont on doive se servir pour obtenir la note sensible du ton mineur?

R. Non, dans certains cas on se sert du bécarre, et dans d'autres du double-dièse.

D. Dans quel cas se sert-on du dièse?

R. Lorsque, d'après l'armature de la clé, le 7me degré se trouverait être une note naturelle.

Tons mineurs dont la note sensible est obtenue au moyen du **dièse**.

D. Dans quel cas se sert-on du bécarre?

R. Lorsque, d'après l'armature de la clé, le 7me degré se trouverait être une note bémolisée.

D. Dans quel cas se sert-on du double-dièse?

R. Lorsque, d'après l'armature de la clé, le 7me degré est déjà dièsé.

D. Met-on à la clé le signe: Dièse, bé-carre ou double-dièse qui produit la note sensible du ton mineur?
R. Non, il n'est pas d'usage de le mettre à la clé.
D. Comment qualifie-t'on les Signes d'altération qui se présentent ainsi dans le courant d'un morceau et ne se mettent pas à la clé?
R. Signes accidentels où altérations accidentelles ou tout simplement, accidents.

D. Les signes accidentels ne s'emploient-ils que pour obtenir la note sensible du mode mineur?
R. Si, ils s'emploient chaque fois qu'on a besoin de hausser ou d'abaisser d'un demi-ton chromatique, l'une quelconque des notes diatoniques du ton indiqué par l'armature de la clé.
D. Ne se sert-on accidentellement que du dièse, du bécarre et du double dièse?
R. Si, on se sert également du bémol et du double-bémol.

Exemples de dièses, bémols, bécarres, doubles-dièses et doubles-bémols employés accidentellement.

Chapitre XXI.

Gamme par demi-tons ou gamme chromatique.

D. Comment nomme-t'on une gamme où l'on procède entièrement par demi-tons?
R. On l'appelle gamme chromatique.
D. Comment obtient-on une pareille gamme?
R. En partageant en deux demi-tons chacun des espaces d'un ton qui sont contenus dans la gamme diatonique.
D. Comment fait-on pour partager chaque espace d'un ton en deux demi-tons?
R. On intercalle entre les deux notes à distance d'un ton, tantôt l'altération su-

périeur du degré le plus bas, tantôt l'altération inférieure du degré le plus haut.
D. Quelles sont celles qu'on emploie de préférence?
R. On se sert généralement des altérations supérieures pour monter et des altérations inférieures pour descendre.
D. De quelle espèce sont les demi-tons dont la gamme chromatique est composée?
R. Les uns sont diatoniques, les autres sont chromatiques.

Gamme chromatique ascendante.

Gamme chromatique descendante.

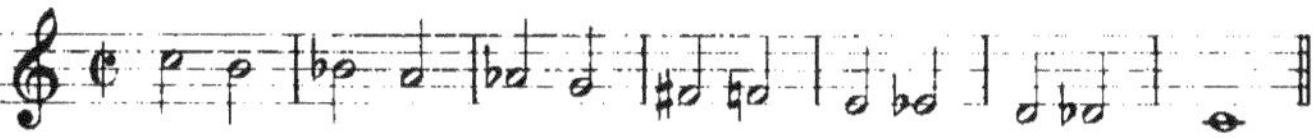

Chapitre XXII.

Des agréments du chant.

Port de voix.

Le **Port de voix**, que l'on nomme aussi note de goût, note d'agrement ou petite note, est désigné par une note plus petite que les autres.
La petite note ne se nomme point en solfiant; on la fait seulement sentir en nommant la note avec laquelle elle est liée; on verra, dans les exemples suivants, l'emploi de la petite note à tous les intervalles praticables.

Emploi de la petite note par intervalle de seconde.

Par intervalle d'Octave.

Par intervalle de Dixiéme.

Résumé de tous les intervalles.

Agrément par Retard.　　　　Agrément par Anticipation.

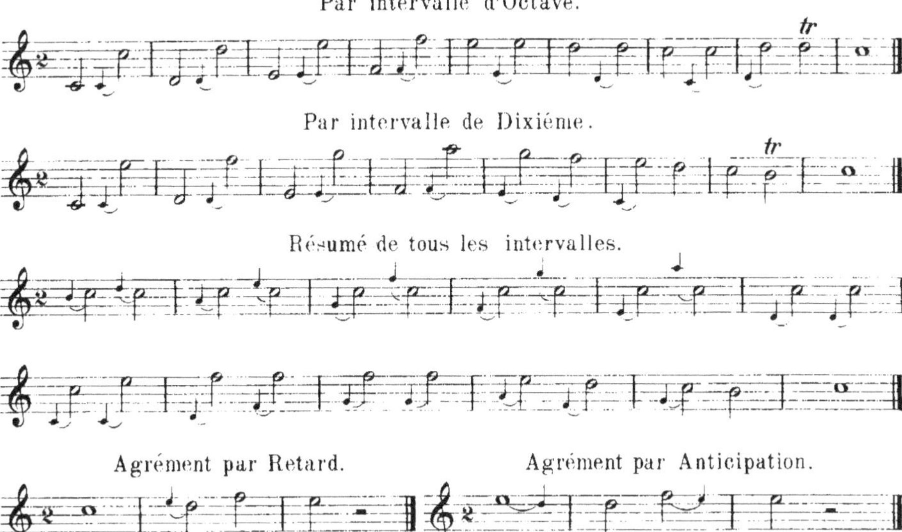

Trille.

Le **trille** (que les anciens appelaient **cadence**) est un agrément du chant qui consiste à faire entendre, alternativement, rapidement et plusieurs fois de suite, une note principale et son degré supérieur, en une sorte de battement.

On indique le **trille** par l'abréviation *tr*

On peut le commencer, soit par la note principale, soit par le degré supérieur.

Il y a plusieurs manières de préparer le **trille** et aussi de le terminer; la préparation et la terminaison du **trille** s'indiquent habituellement par de petites notes.

Chapitre XXIII.

Détaché, liaison et syncope
Barre de mesure et double-barre, reprise et renvoi.

Le détaché est souvent indiqué par des points ronds ou allongés, que l'on met au-dessus ou au-dessous des notes.— Les points allongés indiquent un détaché plus sec que les points ronds.

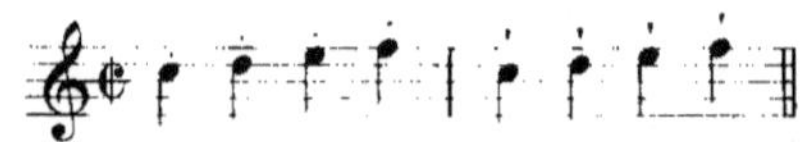

La liaison est représentée par une ligne courbe ⌒ ou ⌣ : Elle se place 1º entre deux ou plusieurs notes différentes, pour indiquer qu'elles doivent être coulées ou liées.

2º entre deux ou plusieurs notes du même degré, pour indiquer que ces notes doivent être tenues et non répétées.

On nomme **syncopes** les notes qui, comme les Ré et les **Mi** de l'exemple précédent, sont attaquées sur un temps faible et se prolongent sur le temps fort suivant.

Les lignes verticales qui traversent la portée de distance en distance et servent de lignes de démarcation entre les mesures, sont appelées **barres de mesure.**

On se sert de **doubles-barres:**

1º Pour indiquer la fin d'un morceau:
(Voir la fin de l'exemple ci-dessus.)
2º pour en séparer les diverses parties;
3º pour indiquer les reprises, s'il y en a.
Dans ce dernier cas, la double-barre est accompagnée de deux points placés tantôt à gauche et tantôt à droite. Quand les points sont à gauche, on doit recommencer le passage qu'on vient d'exécuter.
(Voir la 1re reprise de l'exemple suivant.)
Quand les points sont à droite, ils marquent l'endroit d'où l'on doit reprendre, lorsque, plus tard, on trouve une seconde double-barre avec des points à gauche.
(Voir la 2de reprise du même exemple.)
Si la fin d'une reprise doit être modifiée la seconde fois qu'on l'exécute, on ajoute, à sa suite, la ou les mesures modifiées, et l'on écrit au-dessus : |1re fois | |2de fois|
(Voir la fin de l'exemple.)

Pour indiquer le retour d'un endroit quelconque à un autre, on se sert aussi de signes comme ceux-ci: 𝄋 ⊕ lesquels sont appelés **renvois,** parce qu'ils renvoient, en effet, à des signes semblables qu'on a dû rencontrer précédemment.

Chapitre XXIV.

Liste des termes italiens les plus usités pour l'indication
du Mouvement, des nuances, du caractère et de l'accentuation.

Mouvements.

Lento	*Lent*	} Mouvements les plus lents.
Largo	*Large*	
Larghetto	*assez large*	Un peu moins lent que **Largo**.
Adagio	*à l'aise*	Aller posément, mais moins lent que **Largo**.
Andante	*En allant*	Mouvement marqué, sans être vif.
Andantino	*Diminutif d'andante*	Un peu moins lent qu'un **Andante**.
Moderato	*Modéré*	Mouvement moyen entre le lent et le vif.
Allegro	*gai*	Mouvement vif.
Allegretto	*assez gai*	Un peu moins vif qu'**Allegro**.
Vivace	*animé*	
Presto	*très vif*	} Mouvements les plus vifs.
Prestissimo	*extrêmement vif*	

Nuances.

	abréviations			abréviations	
Dolce	*dol.*	Doux.	Mezzo-Forte	*mf*	demi-fort.
Piano	*p*	Doux.	Mezzo-voce }		à demi-voix.
Pianissimo	*pp*	Très doux.	Sotto-voce }		
Forte	*f*	Fort.	Rinforzando	*rinf.*	en renforçant.
Fortissimo	*ff*	Très fort.	Smorzando	*smorz.*	en diminuant peu à peu.
Crescendo	*cresc.*	En augmentant	Decrescendo	*decresc.*	en diminuant.

Quelquefois, on indique le **crescendo** par ce signe ⎯⎯⎯, le **decrescendo** par celui-
ci ⎯⎯⎯, et la succession du **crescendo** et du **decrescendo** de cette manière: ⎯⎯⎯⎯
Dans ce dernier cas, on doit **augmenter** le son jusqu'au milieu et puis le diminuer jusqu'
à la fin.

Caractère.

Maestoso	Majestueux.	Grazioso	gracieusement.
Affettuoso	doux et affectueux.	Cantabile	bien chanté.
Amoroso	Tendrement.	Grave	gravement.

Accentuation.

Sostenuto	soutenu.	Staccato	détaché.
Legato	lié	(Voir le chapitre XXII)	

Exercices avec accompagnement de piano.

Gamme en rondes et silence d'une mesure.

No 1.

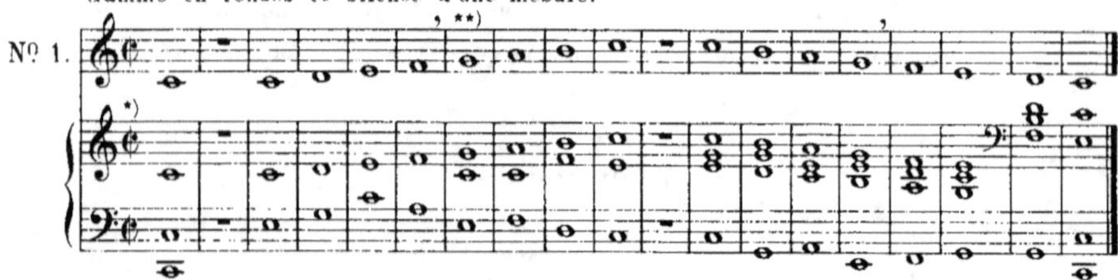

Gamme en blanches et silence d'une demi-pause.

No 2.

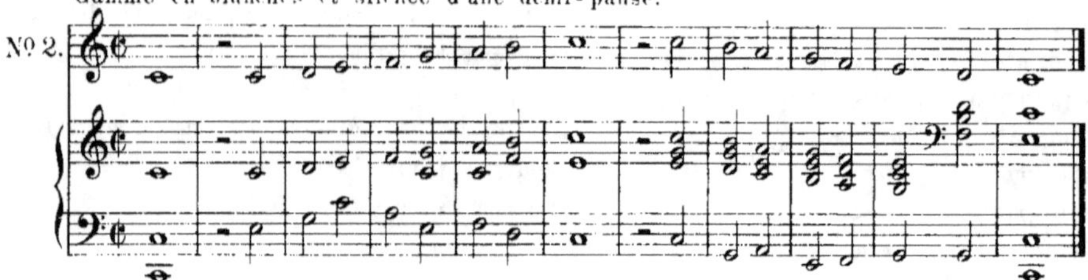

Gamme en noires et silence d'un soupir.

No 3.

Gamme en croches et silence d'un demi-soupir.

No 4.

Gamme en rondes, blanches et noires alternativement.

No 5.

*) N. B. Il n'y aura nul inconvénient à diviser, en 4 temps chacune des mesures indiquées par un C barré (¢). et à 2 temps chacune de celles qui sont indiquées par C sans barre. quand cela paraitra plus commode pour la lecture ou l'exécution. Ceci soit dit. non-seulement pour les **60** premiers numeros qui sont dans le 1er cas, mais encore pour la suite.

**) La virgule indique. à défaut d'un silence. l'endroit où il convient de respirer dans le courant d'une phrase.

Gamme en blanches, noires et croches alternativement.
N.o 6.
Gamme pour apprendre à commencer en levant.
N.o 7.
Gamme avec deux blanches sur le même degré.
N.o 8.
Gamme en notes syncopées.
N.o 9.

Intervalles de seconde.

N° 10.

Intervalles de tierce.

N° 11.

Résumé de l'exercice précédent.
Nº 12.
A. N. 5035

Intervalles de quarte.

N⁰ 13.

Résumé de l'exercice précédent.

N⁰ 14.

A. N. 5035

Intervalles de quinte.
No 15.
A. N. 5035

Resumé de l'exercice précédent.
Nº 16.
Intervalles de sixte.
Nº 17.

Résumé de l'exercice précédent.

Nᵒ18.

Intervalles de septième.

Nᵒ19.

30
Resumé de l'exercice précédent.
Nº 20.
Intervalles d'octave.
Nº 21.
Resumé de l'exercice précédent.
Nº 22.
A. N. 5035

Intervalles de seconde, tierce, quarte, etc, jusqu' à l'octave.

Résumé de l'exercice précédent.

Nº 24.

Intervalle de quinte diminuée.

Nº 25.

Intervalle de quarte augmentée.

Nº 26.

Etendue de la voix de soprano.

Nº 27.

Exercice par tierces de ligne en ligne.

Nº 28.

Exercice par tierces d'interligne en interligne.

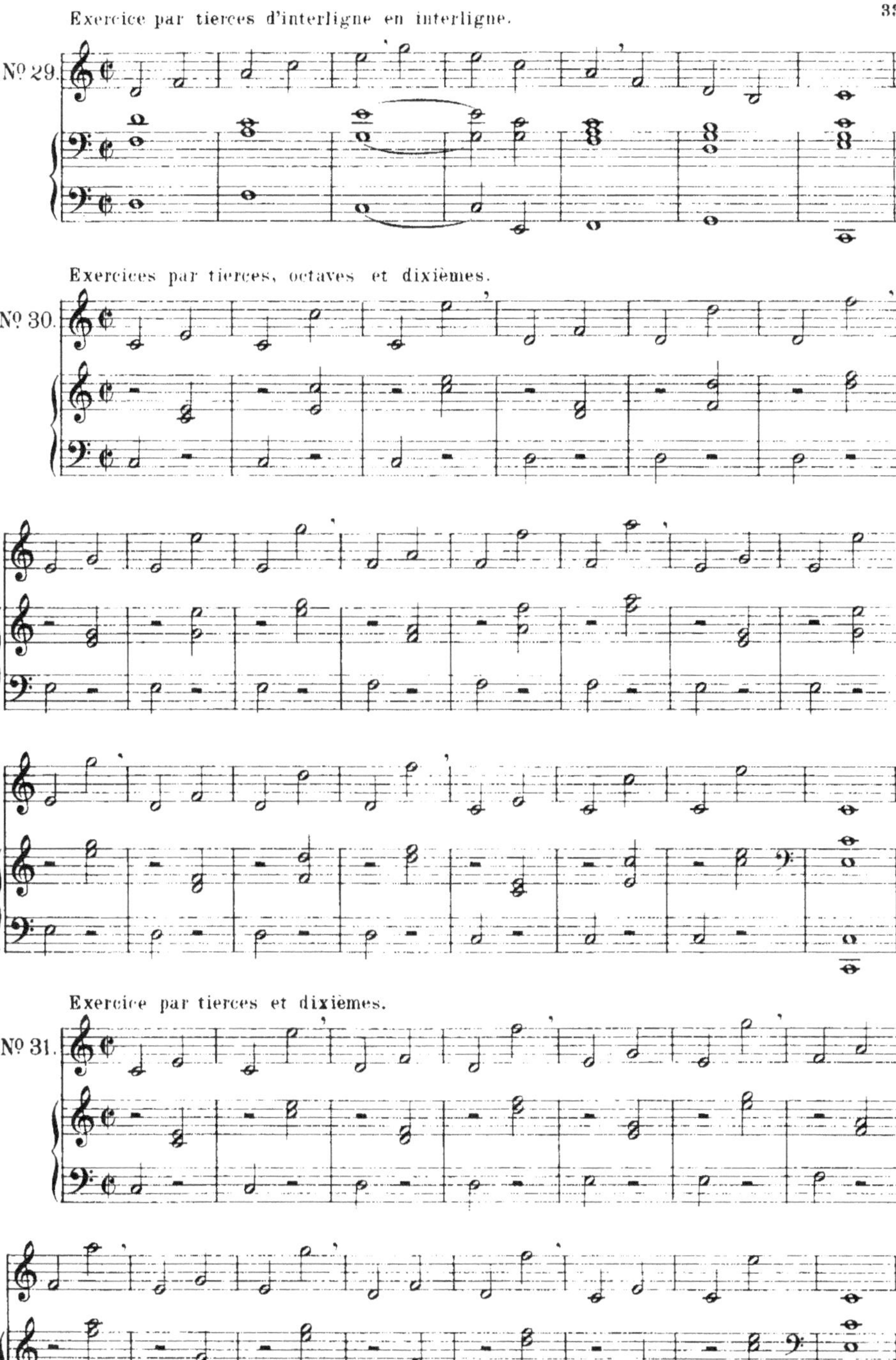

Leçons avec accompagnement de Piano.

Ton d'ut ou do majeur.

Nº 34.
Nº 35.

Nº 36.
Nº 37.
1re fois
2de fois

1re fois
2de fois
No 38.
1re fois
2de fois

Nº 39.
Nº 40.
A.N.5035

tr.
Nº 41.
1re fois
2de fois
1re fois
2de fois
Nº 42.

Réduction de la leçon précédente.

N.º 43.

N.º 44.

Réduction de la leçon précédente.

N.º 45.

A. N. 5035

N.º 46.
Fin.
Fin.
D.C. ℅
D.C. ℅
Réduction de la leçon précédente.
N.º 47.
Fin.
Fin.
D.C. ℅
D.C. ℅
A. N. 5035

N° 48.

Réduction de la leçon précédente.

N° 49.

N° 50.

1re Réduction de la leçon précédente.
No 51.
2de réduction.
No 52.
A.N. 5035

N.º 53.

Réduction de la leçon précédente.

N.º 54.

N.º 55.

N? 56.
1re Réduction de la leçon 56.
N? 57.
2me réduction de la leçon 56.
N? 58.
3me réduction de la leçon 56.
N? 59.

Résumé des quatre leçon précédentes.

Nº 60.

Mesure à trois temps.

Nº 61.

Nº 62.

No 63.
No 64.
No 65.
1re fois
2de fois

No 66.
No 67.
A.N.5035

Ton de La mineur.

Leçon pour familiariser avec la sol dièse accidentel.

No 71.
No 72.
No 73.
A.N. 5035

Nº 74.
3/4
tr

Leçon pour se familiariser avec le premier dièse et le premier bécarre.
No 75.
Allegretto.
No 76.
tr
A.N. 5035

Andante.
No 77.
A.N. 5035.

Ton de Sol majeur.

Leçon pour se familiariser avec les deux premiers dièses (Fa et Do).

Moderato.
Nº 80.

56
Allegretto.
No 81.
1.
2.
3.
4.
5.
6.
7.
8.
9.
10.
11.
12.
13.
14.
Allegretto.
A. N. 5035

57
A.N. 5035

Allegretto.
No 82.

Même leçon que la précédente mise à six - huit.

Allegretto.

Nº 83.

Andante.
N.° 84.
Réduction de la leçon précédente.
N.° 85.
1.
2.
1.
2.

Ton de Mi mineur.

Leçon pour se familiariser avec le ré♯ et le la♯ accidentels.

Allegro moderato.
N̊ 88.
f
dolce
cresc.
f
p
cresc.
cresc.
f
p
cresc.
p
tr
f
A. N. 5035

Ton de Fa majeur.

Leçon pour se familiariser avec les deux premiers bémols (si, mi).

Allegretto.

N.º 91.

Andante.
Nº 92.
mf
mf
f
tr
f
f
1.
2.
A.N. 5035

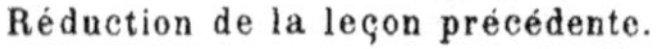
Réduction de la leçon précédente.

Nº 93. 
Ton de Ré mineur.
Leçon pour se familiariser avec le Do♯ et le Sol♯ accidentels.
Nº 94.
A. N. 5035

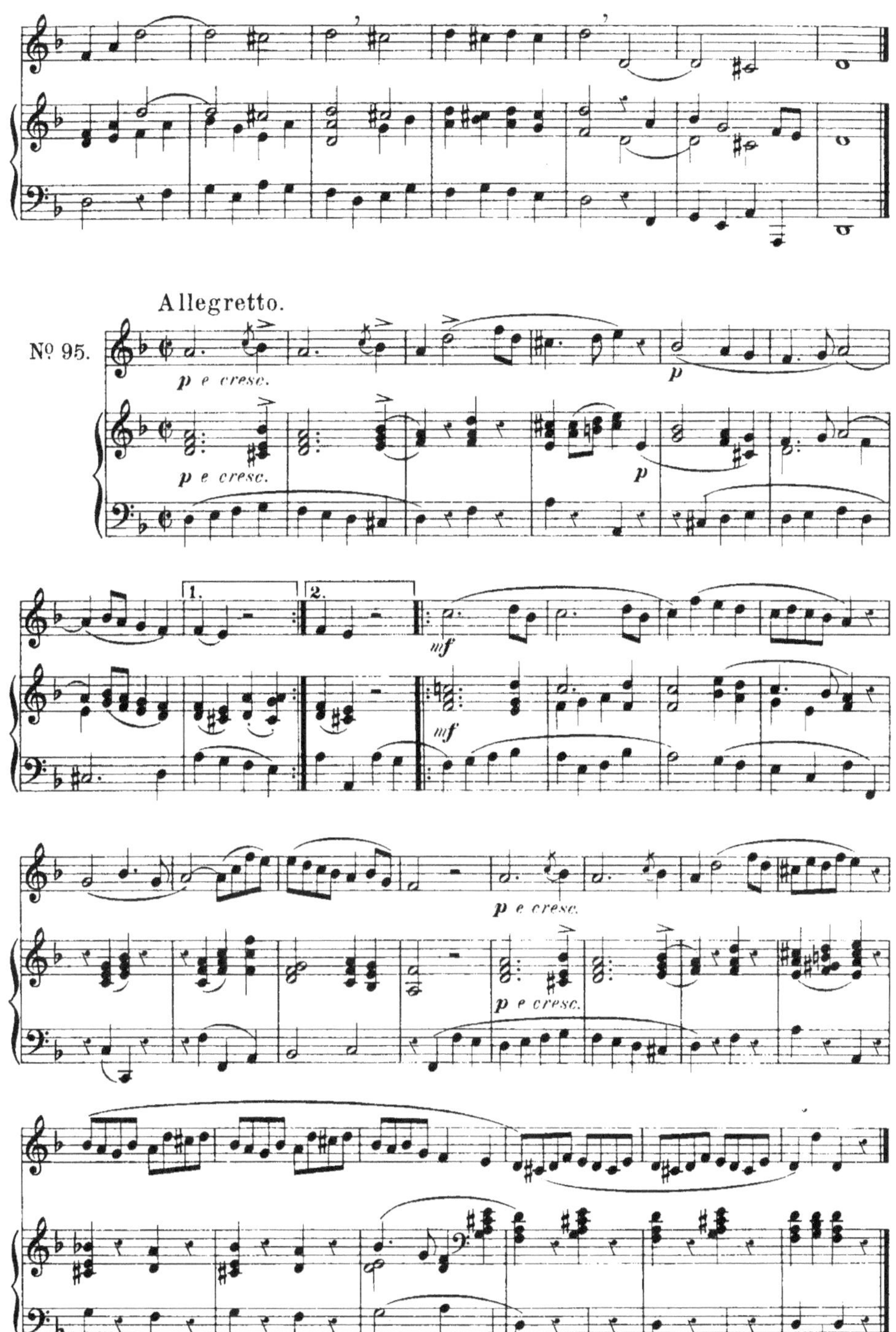
Allegretto.
No 95.
p e cresc.
p e cresc.
p
p
1.
2.
mf
mf
p e cresc.
p e cresc.

Andante.
Nº 96.
A. N. 5035

A. N. 5035

Ton de Ré majeur.

Pour se familiariser avec le **Do** dièse et le **Sol** dièse.

tr
mf
p
cresc.
cresc.
f
f
p
f
p
f
Andante.
Nº 100.
mf
mf
mf
sf
mf
mf
f
sf
sf
f
A.N. 5035

Réduction de la leçon précédente.
N° 101.
mf
mf
sf
mf
mf
f
sf
sf
f
Moderato.
N° 102.
p
p legato
mf
mf
p
p
cresc.
f
cresc.
f
A. N. 5035

Andantino.
No 103.
A. N. 5035

Ton de Si mineur.

Leçon pour se familiariser avec le **La♯** et le **Mi♯** accidentels.

Nº 104.

Moderato.

Nº 105.

Allegro moderato.
Nº 106.
f
p
tr
tr
f
p
mf
f
A. N. 5035

Allegro.

Nº 107.

A.N. 5035

Ton de Si bémol majeur.

Leçon pour se familiariser avec les bémols Mi et La.

1re fois
2de fois
Allegretto.
No 110.
mf
sostenuto
mf
mf
tr
p
p
mf
f
f
tr

Leçons pour les notes d'agrément.

Nº 111.

Andante.
Notation.
No 112. 
Exécution.
Andante.
p
mf
f
p
p
mf
Ton de sol mineur.
Leçon pour se familiariser avec les dièses accidentels Fa et Do.
No 113.
legato

Andantino.
N⁰ 114.
mf
mf
Variation de la leçon précédente.
N⁰ 115.
légèrement
p

Moderato.
Nº 116.
sostenuto
cresc.
cresc.
f
p
f legato
p
cresc.
f
cresc.
f
tr
A.N. 5035

Ton de La majeur.

Leçon pour se familiariser avec les dièses **Sol** et **Ré**.

No 117.

Moderato.
Nº 118.
dolce
p
tr
3
p
p
mf
f
tr
mf
f
f
A.N. 5035

Allegretto.

No 119.

Andantino.

№ 120.

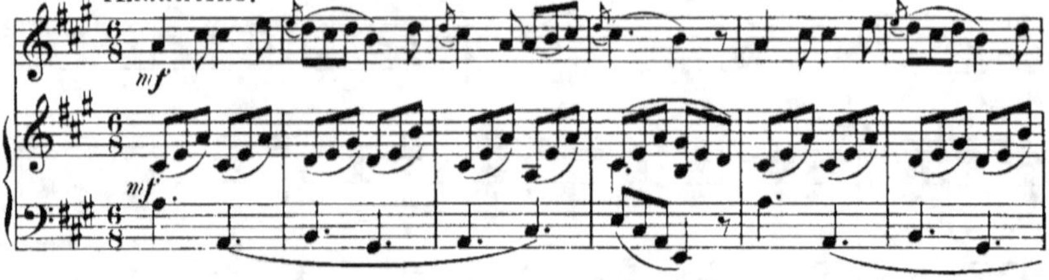

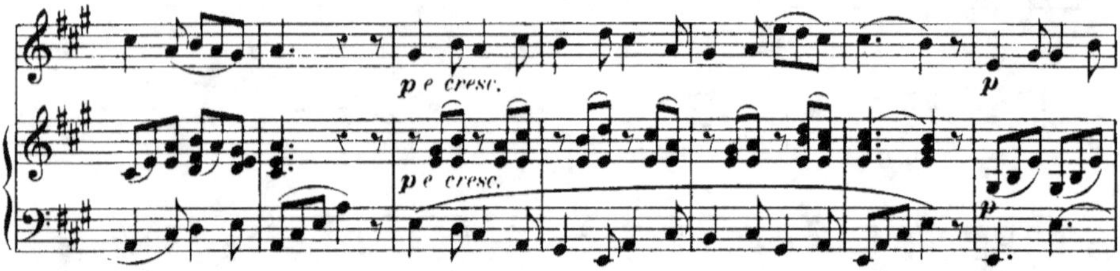

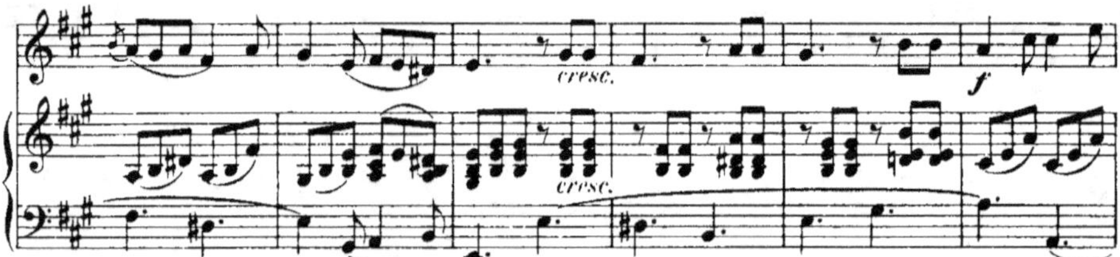

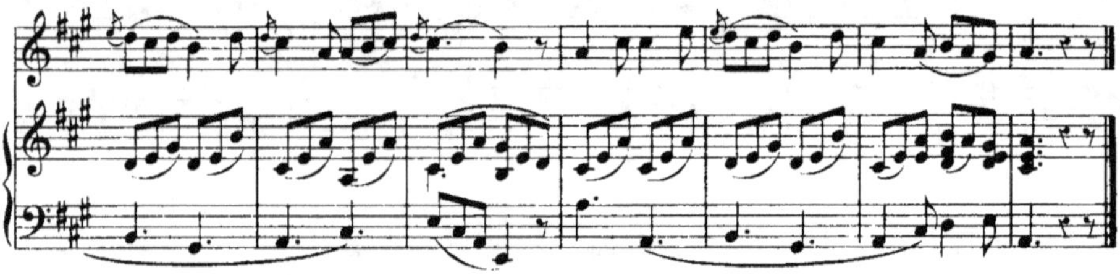

mf

p e cresc.

p

cresc.

f

p e cresc.

Même leçon en Mineur.

№ 121.

mf

p e cresc.

p

p e cresc.

A.N. 5035

Ton de Fa dièse Mineur.

Leçon pour se familiariser avec les dièses accidentels **Mi** et **Si**.

N.º 122.

Andantino.
N.º 123.
dolce
mf
p
mf
f
f
p
p
p
tr
p
p
A.N. 5035

tr
Allegretto.
N.º 124.
p
p
f
f
f
1.ʳᵉ fois
2.ᵈᵉ fois
tr
3

dulce
cresc.
cresc.

Ton de Mi bémol majeur.

Leçon pour se familiariser avec les bémols **La** et **Ré**.

N.º 125.

Moderato.

Nº 126.

Allegro moderato.
No 127.
95
cresc.
cresc.
mf
f
mf
p
p
mf
f
p
mf
A.N.5035

Ton de Do mineur.

Leçon pour se familiariser avec le premier bécarre accidentel (Si ♮).

97
cre - scen - do poco a poco
e cre - scen - do poco a poco
cresc.
cresc.
p
cresc.
cresc.
mf
f
f
p e cresc.
p e cresc.
f
tr
A.N. 5035

Ton de Mi majeur.

Leçon pour se familiariser avec les dièses **Ré** et **La**.

Nº 130.

Grazioso.
N.º 132.
cresc.
cresc.
A.N. 5035

Andante.
dolce
N.° 133.
dolce
mf
mf
tr
tr

Ton de Do dièse mineur.

Leçon pour se familiariser avec le **Si** dièse et le **Fa** double dièse accidentels.

Nº 134.

A. N. 5035

Andante.
No 135.
mf
mf

Moderato.
Nº 136.
A.N. 5035

Ton de La bémol majeur.

Leçon pour se familiariser avec les bémols **Ré** et **Sol**.

cresc.
cresc.
tr

No 139.
Allegretto.
mf
mf
f
sf
p
f
p
mf
f
p
f

cresc.
cresc.
dim.
dim.
mf
mf
cresc.
cresc.
f
f
p
p
f
f
A. N. 5035

Ton de Fa mineur.

Leçon pour se familiariser avec les bécarres accidentels **Mi et Si.**

№ 140.

A. N. 5035

Allegro moderato.

Nº 142.

mf
p
f
p
mf
dim.
dim.
f
ff
A. N. 5035

Ton de Si majeur.

Leçon pour se familiariser avec les dièses **La** et **Mi**. —

A.N. 5035

Nº 146.
Moderato.
p
p
sostenuto
tr
mf
mf
f
p
p
p
mf
sf
p
A.N. 5035

cresc.
cresc.
f
f
p
p
tr
tr
f
f
f
A. N. 5035

Moderato.
Nº 147.
mf
mf
mf
mf
sostenuto
mf
A N. 5035

No 148.
Andante.
mf
sostenuto il basso
cresc.
f
dim.
A.N. 5035

Ton de Sol dièse mineur.

Leçon pour se familiariser avec les doubles dièses Fa et Do.

A. N. 5035

Allegro moderato.
Nº 151.
p
p
mf
mf
f
p
mf
mf
f

Ton de Ré bémol majeur.

Leçon pour se familiariser avec les bémols Sol et Do.

tr
dolce
dolce
mf
mf
f
p
p
f
f
tr
f
f

Andantino.

№ 154.

Allegro.
Nº 155.
Fin.
D.C.
A N 5035

Ton de Si bémol mineur.

Leçon pour se familiariser avec les bécarres accidentels **La** et **Mi**.

f
p
f
f
p
p
cresc.
mf
cresc.
mf
mf
mf
p
f
p
p
p
f
p
f

Allegro moderato.

№ 158.

Ton de Fa dièse majeur.

Leçon pour se familiariser avec les dièses **Mi** et **Si**.

Allegretto.
No 161.

Ton de Ré dièse mineur.

Leçon pour se familiariser avec les doubles-dièses accidentels Do et Sol.

f
tr
p
mf
mf
sostenuto il basso
f
f
f
p
f
tr
p
pp
suivez
p
f

Allegro moderato.
Nᵒ 164.
mf
mf
p
p
cresc.
cresc.
f
f
mf
p
p

mf
p
f
p
f
p
p
cresc.
f
cresc.
f

Ton de Sol bémol majeur.

Leçon pour se familiariser avec les bémols Do et Fa.

A.N.5035

No 167.

Allegro moderato.

dim.
dim.
p
p
f
p
mf
p
mf
p
cresc.
f
mf
p
cresc.
f
cresc.
f
A.N.5035

Ton de Mi bémol mineur.

Leçon pour se familiariser avec les bécarres accidentels Ré et La.

145
A.N.5035

p
p
cresc.
cresc.
p e cresc.
p e cresc.
f
p
p
A.N.5035

Leçons en différents tons.

Andantino.
Nº 171.
p dolce e legato
p
A. N. 5035

dulce e legato
f
f
p e cresc.
p e cresc.
tr
p
p
f

A. N. 5035

f
f
p
p
mf
mf
p
p
f
f
p e cresc.
p e cresc.
mf
mf

Moderato.
Nº 173.
mf e sostenuto
mf e sostenuto
legato
A. N. 5035

cresc.
cresc.
f
dolce
p
mf
mf
mf
mf
sf
p
f
f
p
tr
p
f
A.N. 5035

Adagio.
N° 174.
dolce e legato
p sostenuto
cresc.
cresc.
f
f
tr
dolce
p

p
f
p
f
3
cresc.
f
3
3
3
p
3
3
cresc.
f
3
3
3
3
3
3
tr
f
p

Adagio.
N° 175.
f
f sostenuto
p
tr
f
mf
mf
p
p
p
p
p
p

Andante.
Nº 176.
dolce
p
p e cresc.
p e cresc.
sf
sf
sf
sf
f
tr
p
f
sf
f
p sf
p sf
p
mf
mf
A. N. 5035

dolce
mf
mf
trm
p
p
p
sf
sf
f
f
f
f
mf

Moderato.
Nº 177.
f
f
mf
mf
p
p
f
f
p
cresc.
f
cresc.
f
p
p
tr

f
p
cresc.
cresc.
p
f
tr
f
f
Affettuoso.
Nº 178.
dolce
p

tr
mf
mf
dolce
p
tr
p
f
tr
f
f

Affettuoso.
sostenuto

Nº 179.

rit.
Allegro.
rit.
mf
f
mf
cresc
p
cresc
tr
f
f
p
A.N.5035

Adagio.
Nº 180.
p
p
sf
tr
p
cresc.
cresc.
sf
p
tr
p
tr
tr
tr
cresc.
cresc.
p
p
cresc.
cresc.
f
f

Allegro moderato.
Nº 181.
f
f
sostenuto
p e cresc.
p e cresc.
f
f
f
f
tr
p
p
A.N.5035

dolce
p
p
f
f

Andantino.
No 182.
Fine.
1re fois
2me fois
D.C.
A.N.5035

cresc.
cresc.
3me fois
f
f
p
mf
p
mf
D.C.
A.N.3035

Allegro.
Nº 183.
f
p
f
dolce
p
f
tr
mf
p
mf
A.N.5035

cresc.
mf
cresc.
mf
cresc.
decresc.
decresc.
cresc.
cresc.
tr

Andantino.
N.º 184.
A.N.5035

A.N.5035

cresc.
cresc.
tr
tr
tr
tr
mf
mf
mf
cresc.
A.N.5035

Allegro moderato.
Nº 186.
f
p
f
cresc.
f
p e legg.
mf
p
A.N.5035

f
p e cresc.
p cresc.
f
f
mf
mf
p e cresc. poco a poco
p
A. N. 5035

f
p e cresc.
p e cresc.
tr
p
p
f
A.N.5035

Moderato.
Nº 187.
f
f
mf
mf
cresc.
cresc.
f
tr
p
p
p
f
tr
p
p
f
A.N.5035

cresc.
decresc.
cresc.
decresc.
mf
cresc.
p
tr
p
f
f
p
p
p
cresc.
p
tr
f
p
cresc.
p
A. N. 5035

Allegro moderato.
N° 188.
f
f
mf
mf
p
sf
sf
p
cresc.
cresc.
p
f
f
p
A.N.5035

tr
f
p
tr
p
f
f
p
p
f
dolce
cresc.
cresc.

decresc.
decresc.
p
p
f
mf
mf

A.N.5035

Allegro moderato.
Nᵒ 189.
mf
mf
mf
f
p
p
p
p
p
sf
sf
p
p
A.N. 5035

cresc.
cresc.
tr
f
f
p
p
mf
cresc.
cresc.

f
p
cre -
scen - - - do
scen -
do
f
f
tr
p
p
tr
cresc.
f
p
f
f

Etude des clés d'ut.

Note de l'Editeur : Dans l'édition primitive du **Solfège de Rodolphe,** l'auteur s'exprime ainsi qu'il suit, au sujet des leçons en clés d'ut et clé de Fa qui terminent cet ouvrage:
„Lorsque j'ai fait les leçons sur les clés d'ut et sur la clé de Fa, mon dessein n'a pas été de fati-
„guer inutilement les écoliers par une nouvelle étude, mais seulement de leur faciliter les moyens
„de les apprendre sans beaucoup de difficultés et en peu de temps. C'est pourquoi j'ai choisi de pré-
„férence le genre des petits airs, comme moins ennuyeux et non moins utile pour ce genre d'étude."
En effet, les quelques petites leçons données par Rodolphe sur chacune de ces clés sont insuf-
fisantes pour se familiariser avec elles, et ne doivent être considérées que comme une préparation à une étude plus approfondie.
Nous conseillons donc aux élèves qui voudront se perfectionner dans la lecture des clés d'ut, de
les étudier dans l'ouvrage d'**Emile Durand** intitulé: **Solfège mélodique progressif** pour l'étude
des **trois clés d'ut usitées.** (A. Noël, Editeur.)

Clé d'Ut ou Do 1re ligne.

Gamme ou échelle diatonique pour apprendre à connaître les notes de la clé de Do placée
sur la première ligne.

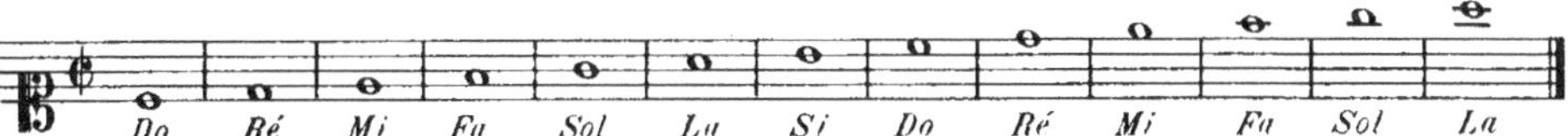

Echelle disjointe, pour distinguer faci -
lement les notes placées sur les lignes.

Echelle disjointe, pour distinguer faci -
lement les notes placées dans les interlignes.

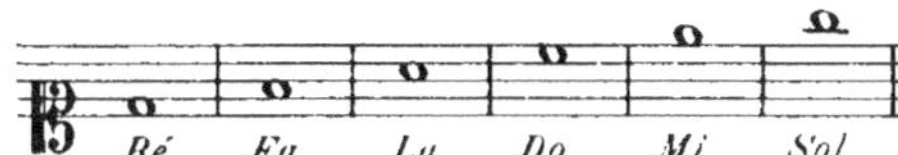

Lire les leçons suivantes à une tierce plus bas que si elles étaient écrites en clé de sol.

A.N.5035

Andante.

Nº 191.

Andantino.

Nº 192.

p e cresc.
p
p e cresc.
tr
tr
f
f
Allegretto.
Nº 193.
f
f
f
1ª
2ª
ff
ff

Moderato.
Nº 194.
f
f
p
p
f
Fin.
Fin.
p
p
p
mf
mf
A.N. 5035

D.C.
D.C. %
Affettuoso.
N° 195.
p
p
p
mf
p
f
f
p
mf
f
tr
f
fo

Amoroso.
Nº 196.
cresc.
cresc.
f
p
sf
sf
p
sf
f
p
f
Fin.
Fin.
A N 5035

Majeur.
f la 1re fois p la 2de
p
p
1re fois.
2de fois.
D.C.
D.C. 𝄋
Allegretto.
Majeur.
No 197.
f
f
Fin. p
Fin.
p

Mineur.

Nº 198.

A.N. 5035

Moderato.

Nᵒ 200.

Clé d'Ut ou Do 3me ligne.

Gamme ou échelle diatonique pour apprendre à connaître les notes de la clé de Do placée sur la 3me ligne.

Notes comprises dans le diapason des voix d'hommes.

Observation. Pour que l'élève apprenne à lire cette clé dans toute l'étendue usitée, nous avons écrit les leçons 201 à 204 dans le bas de la portée, (diapason des voix d'hommes) et les leçons 205 à 208 dans le haut (diapason des voix de femmes.)

Les quatre premières devront être chantées à une seconde plus haut et les quatre autres à une septième plus bas que si elles étaient écrites en clé de sol.

Lire les leçons suivantes à une seconde plus haut que si elles étaient écrites en clé de sol.

N.º 201.

Andantino.

N.º 202.

tr
dolce
p
mf
f
f
Andantino.
Nº 203.
p
p
p
tr
p
mf
tr
p
mf

Andantino.
No 204.
p
mf
f
mf
f
p
f
mf
tr
Lire les leçons suivantes à une septième plus bas que si elles étaient écrites en clé de Sol.
Allegro moderato.
No 205.
p
p
p
tr
mf
f
f

p
f
f
p
p
mf
p
p
p
p
mf
p
mf
p
mf
mf

Andante.
No 206.
mf
mf
f
p
f
p
f
mf
p
mf
p
f
p
f

tr.
1e fois
2e fois
Larghetto.
Nº 207.
p
sostenuto
3
tr
f
dolce
p
sostenuto
sf
tr
f
suivez
sf
f
6
8

Allegro moderato.

Nº 208.

f
p
mf
p
mf
p
cresc.
cresc.
f
f
f
p
p
p

Clé d'Ut ou Do 4ᵐᵉ ligne.

Gamme ou échelle diatonique pour apprendre à connaître les notes de la clé de **Do** placée, sur la quatrième ligne.

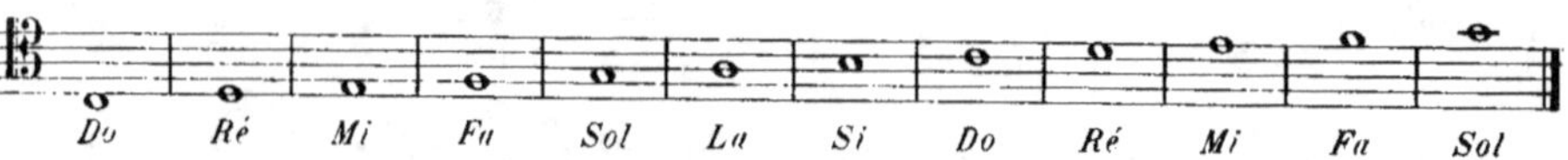

Notes placées sur les lignes.   Notes placées dans les interligne.

Lire les leçons suivantes à une seconde plus bas que si elles étaient écrites en clé de Sol.

D.C.
Andantino.
Nº 211.

Grazioso.
No 212.
dolce
dolce
p
mf
mf
3
tr
p
cresc.
cresc.
p
f
f
tr
p
Moderato.
No 213.
mf
mf

A. N. 5035

p
cresc.
mf
p
cresc.
mf
p
mf
sf
mf
p
mf
p
p
f

A. N. 5035.

Allegretto.
No 215.
p
p
p
f
p
p
f
f
tr

Andante.
Nº 216.
mf
mf
f
f
tr.
p
p
cresc.
cresc.
f
f
Fin.
Fin.
mf
mf
tr
f
f
p
p
A.N. 5035

D.C.
mf
D.C.
Allegro moderato.
Nº 217.
f
f
tr
tr
mf
mf
tr
3
3
p
f
p
p
p
A. N. 5035

Etude de la clé de Fa.

Note de l'Editeur: Les éleves qui voudront se perfectionner dans la lecture de la clé de Fa feront bien de l'étudier dans l'ouvrage d'Emile Durand intitulé: Solfége mélodique et progressif en clé de Sol et clé de Fa. (A. Noël, Editeur.)

Gamme ou échelle diatonique pour apprendre à connaître les notes de la clé de Fa.

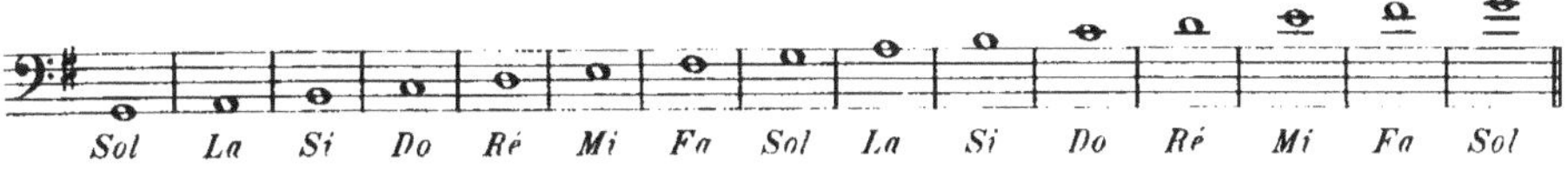

Notes placées sur les lignes.   Notes placées dans les interlignes.

Lire les leçons suivantes à une Sixte plus bas que si elles étaient écrites en clé de Sol.

Andante.

No 218.

222
Allegretto.
Nº 219.
mf
mf
Andante.
Nº 220.
p
p
p
p
A.N.5035

Moderato.
Nº 221.
cresc.
cresc.
p
p
f
f
mf
mf
f
f
sf
tr
A. N. 5035

p
mf
p
tr
mf
mf
f
f
mf
tr

Allegretto.
Nº 222.
mf
mf
mf
p
p
mf
f
f
mf
mf

Moderato.
No 223.
A.N.5035

N.º 224.
Allegro moderato.
f
p
mf
f
f
p
p
p
f
mf

cresc.
f
p
cresc.
f
p
mf
mf
mf
p
mf
f
f
f

INSTRUCTION MUSICALE

Ouvrages Élémentaires pour tous les instruments

Ces Méthodes sont illustrées de Vignettes représentant les diverses parties de chacun des Instruments mentionnés ci-dessous ainsi que la tenue et la pose de l'Exécutant

Chaque Méthode net Fr. 1.25.

KEYSER (R.)	Méthode	d'Accordéon, avec ou sans trembleurs contenant toutes les tablatures.
BRUNI	»	d'Alto à cordes, nouvelle Edition, revue et augmentée par J. Danbé.
ANDRADE	»	de Chant, précédée de l'Art du Chant de Manfredini et de l'Hygiène du Chanteur, par un Docteur de la Faculté de Paris; illustrée de Vignettes représentant les organes de la respiration. Adoptée par le Conservatoire national de musique.
KEYSER (R.)	»	de Cithare.
LAGARD (A.)	»	de Clairon d'Ordonnance, contenant toutes les sonneries pour l'exercice et les manœuvres de l'armée.
BEECKMAN	»	de Clarinette, Système Bœhm, à clefs et ordinaire, contenant toutes les tablatures de l'Instrument — Gammes, exercices et airs.
DANBÉ (J.)	»	de Contrebasse à 4 cordes extraite de la Grande Méthode de V. F. Verrimst, Professeur au Conservatoire national de Musique, et d'après le texte de Ch. Gordon. Nouvelle Edition, précédée des principes Elémentaires de la Musique, *revue* et *développée*.
POISOT (CH.)	»	de Contrepoint et de Fugue, en 33 Leçons.
LAGARD (A.)	»	de Cornet à Pistons, contenant la Tablature et le doigté Général.
—	»	de Cor à Pistons, contenant la Tablature et le doigté Général.
—	»	de Cor d'Harmonie.
MAGNIER (L.)	»	de Fifre, avec et sans clefs.
ROY	»	de Flageolet à clefs, ordinaire et à Système Bœhm: contenant toutes les Tablatures.
DEVIENNE	»	de Flûte à Système Bœhm ordinaire et à clefs, contenant toutes les Tablatures, revue et augmentée d'exercices et airs nouveaux.
GATAYES	»	de Guitare, contenant des gammes, exercices et airs.
CATEL	»	d'Harmonie ou Traité des Accords, ouvrage adopté par le Conservatoire national de Musique.
VASSEUR (L.)	»	d'Harmonium, Illustrée de Vignettes représentant les différentes parties de l'Instrument, sa structure intérieure, etc.
ZANOLI (G.)	»	d'Harmoniflute, avec ou sans pédaliers, contenant les Tablatures et dessins descriptifs de la structure intérieure et extérieure de l'Instrument, etc.
GRICOURT (CH.)	»	de Harpe, Ordinaire et à double Système.
CHALON	»	de Hautbois à Système Bœhm, à clefs et ordinaire, édition considérablement augmentée.
ZANOLI (G.)	»	de Mandoline à 4 et 6 cordes doubles, contenant toutes les Tablatures.
BAILAT	»	de Musette, Tablatures, exercices et airs.
LAGARD (A.)	»	d'Ophicléide, contenant des Tablatures.
MARESSE	»	de Piano, extraite de sa Grande Méthode.
LAGARD (A.)	»	de Saxhorn-Soprano en mi ♭ ou Petit Bugle.
—	»	de Saxhorn-Alto en mi ♭ ou Saxo-Tromba.
—	»	de Saxhorn-Contralto en si ♭ ou Bugle.
—	»	de Saxhorn-Baryton en si ♭.
—	»	de Saxhorn-Basse en mi ♭ ou Bombardon.
—	»	de Saxhorn-Basse ou Contrebasse à trois ou quatre pistons, clé de fa.
—	»	de Saxhorn-Basse ou Contrebasse à trois ou quatre pistons, clé de sol.
BEECKMAN	»	de Saxophone-Soprano si ♭.
—	»	de Saxophone-Alto mi ♭.
—	»	de Saxophone-Ténor si ♭.
—	»	de Saxophone-Baryton mi ♭.
—	»	de Saxophone-Basse si ♭.
JOLY	»	de Tambour, contenant toutes les Batteries d'Ordonnance notées en Musique ainsi que les signaux du Tambour-major.
BELJEULE	»	de Trombone à Coulisses.
LAGARD (A.)	»	de Trombone à Pistons, clé de fa (trois et quatre pistons).
—	»	de Trombone à Pistons, clé de sol (trois et quatre pistons).
—	»	de Trompe ou Cor de Chasse (Manuel de Vénerie).
—	»	de Trompette d'Harmonie.
—	»	de Trompette à Pistons.
—	»	de Trompette d'Ordonnance, contenant toutes les sonneries.
MAZAS	»	de Violon, Nouvelle Edition, revue et développée par J. Danbé.
TILLIERE (M.)	»	de Violoncelle, Nouvelle Edition, revue et augmentée par J. Danbé.

RODOLPHE. **Célèbre Solfège** revu et complété avec adaptation d'un accompagnement de piano par Emile Durand, Professeur au Conservatoire . . . . net Frs. 5.—

— Le même sans accompagnement . . . . net Frs. 1.50